KLEINE REIHE
HOCHSCHULDIDAKTIK

Herausgegeben von
Andreas Frings, Meike Hensel-Grobe,
Rainer Pöppinghege und Tobias Seidl

Barbara Wolbring

Historische Bachelorarbeiten betreuen

WOCHEN
SCHAU
VERLAG

Bibliografische Information der Deutschen Nationalbibliothek
Die Deutsche Nationalbibliothek verzeichnet diese Publikation in der Deutschen Nationalbibliografie; detaillierte bibliografische Daten sind im Internet über http://dnb.d-nb.de abrufbar.

www.wochenschau-verlag.de

Titelgestaltung: Ohl Design
Gesamtherstellung: Wochenschau Verlag
ISBN 978-3-7344-1679-8 (Buch)
E-Book ISBN 978-3-7566-1679-4 (PDF)
ISSN 2749-1609
eISSN 2749-1617
DOI https://doi.org/10.46499/1053

Inhalt

1. Die Bachelorarbeit

Charakter der Bachelorarbeit

Die Bachelorarbeit steht am Ende des ersten Studienabschnitts. Ein wachsender Anteil von Studierenden verlässt die Universität nach dem Bachelor, beendet also das Studium – zumindest vorläufig – mit diesem ersten akademischen Grad. In der Bachelorarbeit werden die erworbenen Fachkenntnisse und akademischen Kompetenzen nachgewiesen. Als umfangreichste Prüfungsleistung bildet sie den Abschluss und Höhepunkt des Bachelorstudiums. Zugleich ist das Schreiben der Bachelorarbeit integraler Teil des Studiums und damit ein intensiver Lernprozess, in dem sich die Studierenden inhaltliches und theoretisches Wissen erarbeiten und ihre methodischen Kompetenzen und Arbeitstechniken erweitern.

Betreuung

Das bedeutet umgekehrt für Lehrende, dass neben dem Prüfungs- und Bewertungsanteil der Betreuungsanteil wichtig ist: Eine Bachelorarbeit zu betreuen bedeutet zunächst, den Arbeitsprozess als Lernvorgang zu begleiten und durch Anregung, Feedback, Hinweise und vielleicht auch Ermunterung zu fördern und zu unterstützen, ohne den Prüfungscharakter aus dem Auge zu verlieren.[1]

Genese

Seit Mitte der 2000er Jahre hat der Bachelor als erster akademischer Grad und berufsqualifizierender Abschluss auch in der Geschichtswissenschaft Einzug gehalten und mit dem Master als zweitem Abschluss den Magister inzwischen abgelöst. Schon seit der Nachkriegszeit waren gestufte Studiengänge gefordert worden, um kürzere Studienzeiten zu ermöglichen. Das galt gerade in den Geisteswissenschaften, wo traditionell die Promotion der einzig mögliche Hochschulabschluss für diejenigen war, die den Schuldienst für sich ausschlossen, also kein Staatsexamen ablegen wollten. Das Magisterexamen war der erste Schritt in diese Richtung. Es wurde 1957 zuerst an der Freien Universität Berlin einge-

1 Siebert (2009).

führt. Doch es dauerte bis weit in die 1960er Jahre, dass der Magister an allen Universitäten der Bundesrepublik als berufsqualifizierender Abschluss neben dem Staatsexamen und unterhalb der Promotion erworben werden konnte.[2]

Bolognaprozess

Die Etablierung der Abschlüsse Bachelor und Master erfolgte im Rahmen des Bologna-Prozesses, also in Folge der am 19. Juni 1999 in Bologna von den Europäischen Bildungsminister*innen verabschiedeten gemeinsamen Erklärung. Ziel war die Schaffung eines gemeinsamen europäischen Hochschulraumes mit einem System leicht verständlicher und international vergleichbarer Abschlüsse. Die Studieninhalte sollten transparenter werden und damit auch die internationale Mobilität von Studierenden und Absolvent*innen steigen. Zugleich sollte damit ein früherer Einstieg in den Arbeitsmarkt möglich werden, denn die Klagen über die lange Studiendauer deutscher Studierender waren nicht verstummt.[3]

Strukturiertes Studieren

Um diese Ziele zu erreichen, verpflichteten sich neben Deutschland 39 Staaten zur Einführung eines zweistufigen Studiensystems. Der rechtliche Rahmen war in Deutschland bereits mit der Novelle des Hochschulrahmengesetztes 1998 geschaffen worden.[4] Da die Umsetzung jeweils an den einzelnen Fakultäten bzw. Fachbereichen erfolgte, erstreckte sich der Prozess der Erarbeitung und Akkreditierung der neuen Studienordnungen über mehrere Jahre.[5]

Formalia

Die Formalia der Bachelorarbeit und des Bearbeitungsprozesses sind in der Prüfungsordnung festgelegt. Da die Studien- und Prüfungsordnungen von den Fakultäten bzw. Fachbereichen an jeder Universität erarbeitet werden, gibt es durchaus Unterschiede zwischen den Standorten und auch innerhalb einer Universität zwischen den Studiengängen. Hier können daher nur allgemeine Angaben gemacht und

---

2 Zu Diplomen und Graden allgemein s.: Rothblatt (2010).

3 Welbers Hg. (2001).

4 4. Novelle des Hochschulrahmengesetzes v. 20.8.1998, in: Bundesgesetzblatt Jahrgang 1998 Teil I Nr. 54, ausgegeben zu Bonn am 24. August 1998, § 19, S. 2193.

5 Vgl.; Hochschulrektorenkonferenz (Hg.) (2004).

Bandbreiten angegeben werden. Grundsätzlich liegt es in der Verantwortung der Studierenden, sich um die Formalia zu kümmern. Als Prüfende*r ist man nicht die entscheidende Stelle, Fragen nach der Studien- und Prüfungsordnung zu beantworten. Trotzdem muss man sich auch selbst mit den Regelungen vertraut machen.

Ziel

Der Bachelorgrad wird erworben nach einer Regelstudienzeit von meist sechs Semestern. In das Prüfungsergebnis gehen Leistungen ein, die im Verlauf des Studiums erbracht wurden, sowie die Bachelorarbeit als eigenständig zu verfassende wissenschaftliche Arbeit. Mit dieser sollen die Studierenden zeigen, dass sie in der Lage sind, innerhalb des festgelegten Zeitraums ein wissenschaftliches Thema selbständig entsprechend den Methoden und Arbeitsweisen der Geschichtswissenschaft zu bearbeiten, zu wissenschaftlich begründeten Aussagen zu gelangen und die Ergebnisse formal korrekt entsprechend den Regeln guter wissenschaftlicher Praxis und sprachlich angemessen darzustellen.

Es wird nicht erwartet, dass substanziell neue Erkenntnisse generiert werden. Hierin unterscheidet sich die Bachelorarbeit von der Dissertation, die zudem als Forschungsleistung einen Beitrag zur Weiterentwicklung der Wissenschaft liefern muss.

Umfang

Der Umfang der Bachelorarbeit wird in den meisten Prüfungsordnungen mit ca. 75.000 bis 100.000 Zeichen einschließlich Leerzeichen angegeben, was etwa 30 bis 40 Seiten entsprechen soll. Die Angaben variieren, je nachdem, ob Leerzeichen, Deckblatt und Literaturverzeichnis mitgezählt werden. Die Bachelorarbeit soll damit etwa um die Hälfte umfangreicher sein als eine Seminararbeit im Hauptseminar.

Arbeitsaufwand

Der Arbeitsaufwand wird mit den hierfür vergebenen ECTS-Punkten bemessen: Das sind meist zwischen 10 und 12 ECTS-Punkte, obwohl es mancherorts nur 8 oder sogar 6 ECTS-Punkte sind. Das entspricht (bei 25 bis 30 Arbeitsstunden pro Leistungspunkt) einer durchschnittlich angesetzten Bearbeitungsdauer von 250 bis 360 Stunden. Die meisten Prüfungsordnungen sehen hierfür eine Bearbeitungszeit von 9 bis 12 Wochen vor. Zum Teil wird dabei auch der Besuch eines Kolloquiums eingerechnet. Mancherorts ist die Bachelorarbeit an ein Seminar gekoppelt, es soll damit eher eine umfangreichere Hausarbeit sein, während an anderen Standorten die Bachelorarbeit thematisch und zeitlich unabhängig von einer bestimmten Lehrveranstaltung geschrieben wird. In einigen Studienordnungen werden zusätzliche Leistungspunkte für die mündliche Verteidigung der Thesis vergeben. Dieses Verfahren entspricht dann schon fast dem einer Dissertation.

2. Die Betreuung während der Arbeitsphase

Voraussetzungen und Beginn des Betreuungsverhältnisses

Prüfungsberechtigung

Wie wird man Betreuer*in und Prüfer*in von Bachelorarbeiten? Wer ist prüfungsberechtigt oder sogar verpflichtet zur Betreuung von Bachelorarbeiten? Mit welchem Arbeitsaufwand muss man rechnen? Häufig besteht – sowohl bei Studierenden wie auch bei Lehrenden – Unsicherheit darüber, wer zum Betreuen von Abschlussarbeiten berechtigt oder auch verpflichtet ist. Das gilt insbesondere für Lehrende, die keine Professur innehaben. Deshalb muss man zunächst klären, ob man eine Prüfungsberechtigung zum Betreuen von Bachelorarbeiten besitzt. Wer prüfungsberechtigt ist, ist nicht überall gleich geregelt. Rechtliche Grundlage bildet entweder das Hochschulgesetz des Bundeslandes oder die Prüfungsordnung der Hochschule bzw. des Studiengangs. In den Hochschulgesetzen ist in der Regel nur die Mindestanforderung an Prüfungsberechtigte festgeschrieben: Sie müssen an der jeweiligen Hochschule bzw. an kooperierenden Einrichtungen lehren und „selbst mindestens die durch die Prüfung festzustellende oder eine gleichwertige Qualifikation besitzen" – so lautet die juristische Formulierung im Hessischen Hochschulgesetz, die ähnlich auch in anderen Landes-Hochschulgesetzen oder Prüfungsordnungen enthalten ist.[6] Danach könnten auch Doktorand*innen und sogar Masterstudierende für Bachelorprüfungen prüfungsberechtigt sein. Das ist aber bisher nicht üblich. Prüfungsberechtigt sind

6 Z.B: Hessisches Hochschulgesetz i.d.F.v. 14.12.2021, § 22 Abs. 2; Prüfungsordnung für die Bachelorstudiengänge und die konsekutiven Masterstudiengänge der Philosophischen Fakultät der Rheinischen Friedrich-Wilhelms-Universität Bonn v. 17.8.2018, § 10.

zunächst die aktiven hauptamtlichen Professor*innen und Juniorprofessor*innen, für die das Lehren und Prüfen auch Teil ihrer Dienstaufgaben ist. Professor*innen im Ruhestand sind ebenfalls prüfungsberechtigt, aber nicht mehr verpflichtet zu prüfen und die Betreuung von Bachelorarbeiten zu übernehmen. Das gilt auch für Privatdozent*innen (hierzu gehören auch außerplanmäßige Professor*innen), wenn sie nicht in einem Arbeitsverhältnis zur Universität stehen. Promovierte Wissenschaftliche Mitarbeiter*innen können vielerorts, aber nicht überall Abschlussarbeiten betreuen. Wenn die Prüfungsberechtigung nicht bereits in der Prüfungsordnung festgeschrieben ist, entscheidet hierüber der jeweilige Prüfungsausschuss.

Transparenz

Die Regelungen sind also nicht überall gleich, und im Zweifel muss man nachfragen bzw. die Prüfungsberechtigung beantragen. Studierende sind häufig unsicher, wer neben den Professor*innen Bachelorarbeiten betreut. Es ist daher hilfreich, wenn für Studierende und Kolleg*innen transparent ist, wer zu welchen Schwerpunkten prüfungsberechtigt ist und in welchem Umfang die Betreuung von Bachelorarbeiten übernimmt. Das kann auf der Ebene des Instituts oder einzelner Lehreinheiten erfolgen. Man selbst kann z. B. auf der eigenen Homepage mitteilen, ob und ggf. zu welchen Themenbereichen man Bachelorarbeiten betreut.

Zweitbetreuung

Wer als wissenschaftliche*r Mitarbeiter*in aus formalen Gründen nicht selbst prüfungsberechtigt ist, kann möglicherweise als Zweitbetreuer*in eine Bachelorarbeit begleiten. Das sollte jeweils individuell mit dem oder der formellen Prüfer*in abgesprochen werden. Daneben werden Wissenschaftliche Mitarbeiter*innen ohne formale Prüfungsberechtigung zum Teil in die Betreuung von Bachelorarbeiten eingebunden, indem sie etwa als erste Ansprechpartner*innen zur Verfügung stehen. In diesem Fall einer informellen Betreuung sollte mit der*m formalen Betreuer*in klar abgesprochen werden, welchen zeitlichen und inhaltlichen Umfang die Betreuung annehmen kann. Dies dient der Vermeidung von Missverständnissen und damit der eigenen Absicherung ebenso wie dem Schutz der Prüflinge.

Neben der Prüfungsberechtigung sollte man selbst für sich und gegebenenfalls im Team der Professur oder des Instituts klären, ob und in welchem Umfang eine solche Verpflichtung oder Erwartung zur Betreuung von Bachelorarbeiten besteht. Dabei gilt es einzuschätzen, welche Ressourcen neben anderen Aufgaben in der Lehre, der Administration und den Anforderungen der eigenen Forschung noch zur Verfügung stehen. Gerade für diejenigen, die sich selbst in der wissenschaftlichen Qualifikationsphase befinden, ist das wichtig, damit man den Prüflingen gerecht werden kann, ohne dass das eigene Forschungsprojekt ins Stocken gerät.

Betreuungsverpflichtung

Neben der formalen oder informellen Verpflichtung zur Betreuung von Bachelorarbeiten sollte man sich darüber klarwerden, ob und in welchem Umfang hierzu auch die Ressourcen und damit die Bereitschaft zur Übernahme der Betreuung vorhanden sind. Für die eigene Planung und die des Prüflings sollte man also prüfen, ob man im geplanten Bearbeitungszeitraum und im Anschluss daran für die Begutachtung auch tatsächlich Zeit hat oder etwa ein längerer Archiv- oder Auslandsaufenthalt geplant sind oder andere Vorhaben den Kalender schon sehr füllen. Für die Abschätzung der eigenen Ressourcen ist auch relevant, wie eng ein Thema im Bereich der eigenen Forschungs- bzw. Arbeitsschwerpunkte angesiedelt ist. Lässt man sich überreden, ein Thema anzunehmen, das außerhalb der eigenen Expertise liegt, erfordert die Betreuung möglicherweise intensive eigene Einarbeitung und damit wertvolle Zeit. Diese fehlt der eigenen Forschung oder verzögert die Erledigung anderer Aufgaben. Schlagen Studierende ein Thema vor, das nicht im Zentrum der eigenen Expertise liegt, kann man etwa an Kolleg*innen verweisen, die zum betreffenden Thema stärker ausgewiesen sind, solche Kolleg*innen an der Betreuung beteiligen (etwa, wenn es um spezielle Fremdsprachenkenntnisse geht) oder die Modifizierung des Themas anregen.

Ressourcen

Wenn diese Voraussetzungen geklärt sind, kann eine Prüfungsbeziehung beginnen. Die Initiative zum Eröffnen des Betreuungsverhältnisses geht von den Studierenden aus. Anders als in der Schule können Studierende an der Universi-

Initiative

tät ihre Lehrenden und auch ihre Prüfer*innen wählen. Abhängig von ihren inhaltlichen Interessen und Schwerpunkten und in der Regel auch von den Lehrveranstaltungen, die sie besucht haben, sind sie es, die Lehrende ansprechen und nach der Betreuung der Bachelorarbeit fragen.

Prüfungsanmeldung

Die ersten Anfragen, Beratungsgespräche und Abfragen sind noch informell. Formell bekräftigt und damit rechtsgültig wird das Betreuungsverhältnis mit der Unterschrift unter die Prüfungsanmeldung. Hier werden Anmelde- und entsprechend Abgabedatum und das Thema fixiert. Der einmal beim Prüfungsamt angemeldete Titel der Arbeit kann üblicherweise nicht mehr geändert werden. Geringfügige Akzentverschiebungen sind manchmal möglich – auch hierfür ist dann in der Regel ein schriftlicher Antrag beim Prüfungsamt und eine befürwortende Stellungnahme des Betreuenden erforderlich. Diese Hürde lässt sich mit Themenstellungen vermeiden, die nicht allzu spezifisch sind, sondern Raum lassen für Verschiebungen der Quellenauswahl oder der These, die sich während des Arbeitsprozesses ergeben können. Hilfreich ist es, bereits bei der ersten Anfrage von Studierenden eine Notiz (elektronisch oder auf Papier) anzulegen, vielleicht in einem Ordner, wo man alle Prüfungsanfragen sammelt, und Absprachen wie Thema, Prüfungszeitraum etc. festzuhalten, um im weiteren Verlauf hierauf zurückgreifen und hieran anknüpfen zu können.

Prüfungsformalia

Die Beachtung der Prüfungsformalia liegt grundsätzlich in der Verantwortung der Studierenden. Trotzdem sollte man als Prüfer*in die formalen Anforderungen kennen bzw. sich vom Prüfling mitteilen lassen. Das betrifft neben Bearbeitungszeitraum und Umfang der Arbeit auch die Themenstellung. Ob Studierende die Voraussetzungen zur Anmeldung der Bachelorarbeit erfüllen, prüft das Prüfungsamt. Die Studierenden haben selbständig darauf zu achten, dass sie einmal angemeldete Termine, Fristen für einen eventuellen Rücktritt oder eine Verlängerung einhalten. Ermahnungen und Erinnerungen an Fristen gehören nicht zu den Betreuungsaufgaben. Man kann sie daher getrost Eltern und/oder Freunden überlassen.

Rollen der Lehrperson im Betreuungsprozess

Betreuungsrollen

Bei der Betreuung einer Bachelorarbeit nimmt man als Lehrperson je nach Phase des Arbeitsprozesses unterschiedliche Rollen ein. Die Beziehung der Beteiligten ist komplex und wird auch beeinflusst durch deren Bedürfnisse und Möglichkeiten. Die Betreuung einer Bachelorarbeit umfasst mehrere Beziehungsmöglichkeiten und Rollen. Die Unterschiede ergeben sich aus den Phasen des Arbeitsprozesses und sind zudem abhängig von den Personen und ihren jeweiligen Bedürfnissen bzw. Möglichkeiten.

Funktionen der Bachelorarbeit

Ein Grund hierfür liegt in der eingangs erwähnten Doppelfunktion der Bachelorarbeit, die nicht nur Prüfungsleistung ist. Das Schreiben der Bachelorarbeit ist vielmehr zugleich Lernprozess und Prüfung des Lernergebnisses. Erworben werden fachwissenschaftliche Kenntnisse, wissenschaftspropädeutische und methodische Kompetenzen sowie sogenannte Schlüsselkompetenzen, ohne die ein umfangreicheres, selbstgesteuertes Projekt nicht gelingt. Hierzu gehören z.B. Zeitmanagement, Lern- und Arbeitstechniken oder Wege der Stressbewältigung.

Beratung und Benotung

Diese Doppelfunktion bedingt auch eine Doppelrolle für die Betreuenden: Zunächst als Berater*in und Begleiter*in in einem selbstgesteuerten Lernprozess und dann als Prüfer*in von dessen Ergebnis. Diese Doppelrolle wirkt sich wiederum auf das Beratungsverhältnis während des Arbeitsprozesses aus. Denn durch die spätere Beurteilung ist jeder Rat stärker bindend – oder wird jedenfalls so wahrgenommen – als es ohne die anschließende Benotung der Fall wäre. Eine vollständig nicht-direktive Beratung, die die Verantwortung ganz beim Ratsuchenden belässt, ist daher in der Praxis unrealistisch. Trotzdem soll die Arbeit möglichst selbständig durch den oder die Studierende*n erstellt und nicht bloß ein vorgegebenes Programm absolviert werden.

Expertisegefälle

Das Expertisegefälle zwischen Lehrperson und Prüfling kombiniert mit der späteren Bewertung der Arbeit kann Studierende dazu verleiten, möglichst viele Entscheidungen an die Lehrperson abgeben zu wollen. Dem liegt von Seiten der Studierenden ein aus Unsicherheit resultierendes Bedürfnis nach Absicherung zugrunde. Es entspringt zugleich einem Missverständnis der Arbeitsbeziehung, die ja nicht der Beziehung zu einem Arzt oder Rechtsanwalt entspricht. Während diese Experten entsprechend ihrer professionellen Kompetenz stellvertretend für den Klienten agieren, will man Studierende anleiten und beraten, selbst fachliche Entscheidungen und Entscheidungen im Schreibprozess zu treffen, ihnen das also nicht abnehmen.[7] Es kann jedoch leicht passieren, in eine solche Expertenrolle hineinzurutschen oder sich hineindrängen zu lassen. Hierbei kann das Bedürfnis, den Studierenden helfen zu wollen, eine Rolle spielen. Wichtig ist es daher, in der jeweiligen Situation im Blick zu behalten, wie viel Führung erforderlich und wo das Ermöglichen eigenständiger Lösungsfindung geboten ist.

Betreuungskontinuum

Bei der Beschreibung von Beratungsprozessen im Kontext universitärer Lehre haben Geri Thomann und Anja Pawelleck (2013) auf der Grundlage soziologischer und psychologischer Modelle die Aktivitäten von Lehrenden in ein Kontinuum eingeordnet, das in abgestuften Schritten von rein beratendem, nicht direktivem Verhalten zu instruierenden, Auskunft gebenden und damit direktiven Tätigkeiten führt.[8] Die Betreuung von Bachelorarbeiten wird das gesamte Spektrum umfassen, abhängig vom Zeitpunkt innerhalb des Bearbeitungsprozesses und von Person und Kompetenz des/der Studierenden.

7 Vgl. den Professionsansatz Ulrich Oevermanns, der stellvertretende Krisenbewältigung als Kern professionellen Handelns versteht. Hierzu: Hinzke (2017).

8 Hierzu: Thomann/Pawelleck (2013), S. 17–23, bes. S. 22.

Nicht-direktive Beratung	← Abstufungen →	Direktive Beratung
Verantwortung liegt vollständig bei dem/der Studierenden	Größere Expertise der beratenden Person Rahmen schaffen, Hinweise geben, Ressourcen aufzeigen	Berater*in übernimmt Verantwortung, trifft Entscheidung. Expertenberatung wie beim Arzt oder Anwalt
Lösungen werden nicht vorgeschlagen, stattdessen Studierenden das selbstständige Finden von Lösungen ermöglicht	Feedback auf Lösungsvorschläge der Studierenden	Wissen vermitteln, instruieren, Vorschläge bewerten
Zuhören, Fragen stellen, Nachdenken anregen, Anteilnehmendes Interesse	Vorschlagen alternativer Optionen oder Lösungsmöglichkeiten	Erwartungen formulieren, Regeln, Richtlinien vorgeben
Darstellung des Studierenden zusammenfassen und strukturieren	Entscheidungsfindung unterstützen, Wege zur Lösungsfindung anbieten	Problemlösungsprozess lenken, Lösungen vorgeben

Tab. 1: Studierende beraten (Quelle: Vgl. Thomann/Pawelleck (2013), S. 22)

Direktiverer Einstieg

Am Beginn des Arbeitsprozesses spielen instruktive und direktive Anteile eine größere Rolle. Als Lehrperson übernimmt man Verantwortung im Betreuungsprozess durch die Festlegung des Themas, durch Vorgaben oder das Treffen von inhaltlichen Entscheidungen. Dieses Rollenverhältnis ist geprägt vom Gefälle an Expertise und an Autorität zwischen Betreuender und Studierendem. Da Studierende während der Arbeit an der Bachelorarbeit (und auch noch später bei der Masterarbeit und sogar der Dissertation) noch in der Ausbildung sind, forschen sie noch nicht vollständig eigenverantwortlich. So liegt beispielsweise die letzte Verantwortung dafür, dass das Thema der Bachelorarbeit angemessen und bearbeitbar ist, beim Betreuenden. Das muss nicht unbedingt bedeuten, dass ein Thema vorgegeben wird. Auch dann, wenn der oder die Studierende das Thema selbständig entwickelt hat, übernimmt der/die Betreuende die Verantwortung dafür, dass das Projekt im vorgegebenen Rahmen einer Bachelorarbeit bearbeitbar ist. Noch bei Doktorarbeiten besteht diese Verantwortung und äußert sich nicht zuletzt darin, dass die Veröffentlichung der Arbeit nur erfolgen kann mit der durch Unterschrift bestätigten Zustimmung des Betreuenden.

Nicht-direkte Bearbeitungsphase

Während der Bearbeitungsphase rücken Beratung und Begleitung in den Vordergrund. Je stärker diese nicht-direktiv gestaltet werden können, desto mehr trägt es dem Charakter des Arbeitsprozesses als selbstgesteuertes Lernen Rechnung. Das bedeutet jedoch keineswegs, den oder die Studierende allein zu lassen, sondern mit interessierter Aufmerksamkeit, durch gezieltes Fragen und auch mit Hinweisen das eigenständige Finden von Lösungswegen zu ermöglichen. Im Laufe des Arbeitsprozesses nimmt dabei das Expertisegefälle auf inhaltlicher Ebene im Idealfall ab. Die Verantwortung für Entscheidungen zu inhaltlichen Fragen sollte dabei bei den Studierenden liegen und von diesen bewusst und reflektiert wahrgenommen werden. Manche Studierende, die sich nach der Lehrperson richten möchten, kann man explizit hierauf hinweisen. Das Ziel besteht darin, sie zu ermächtigen, inhaltliche Entscheidungen begründet zu treffen und zu vertreten – möglicherweise sogar gegen einen Rat oder Hinweis des/der Betreuenden.

Prüfungsasymmetrie

Gleichwohl ist man dann auch Prüfer*in, hat nach der Abgabe die Arbeit zu bewerten und in der Regel ein Gutachten anzufertigen. Jetzt kommt das Expertisegefälle wieder zum Tragen, das in der Prüfungssituation auch ein Machtgefälle ist. Dieses Machtgefälle kann durch Transparenz der Bewertungskriterien abgemildert werden (s.u.).

Rollenklarheit

Es hilft, für sich selbst Rollenklarheit zu erreichen, um in den verschiedenen Phasen der Betreuung sicher agieren und klar kommunizieren zu können. Hierzu gehört auch, sich selbst bewusst zu machen, wie direktiv man während der Selbstarbeitsphase als Begleiter*in agieren möchte, und das eigene Verhalten bewusst danach auszurichten. Hilfreich ist es auch, dies dem oder der Studierenden transparent zu machen: Wie hoch ist die Gesprächsfrequenz, die man leisten kann? Welchen Grad von Selbständigkeit erwartet oder wünscht man, an welchen Stellen ist eine Rücksprache angebracht? Freundliche, zugewandte Klarheit in der Kommunikation hilft zudem, Missverständnisse in der Kommunikation möglichst gar nicht entstehen zu lassen bzw. auszuräumen und möglicherweise unzutreffende Vorannahmen von Studierenden richtigzustellen.

Festlegungen am Beginn des Betreuungsprozesses

Vorbedingungen

Bevor die Arbeit angemeldet wird und die Uhr der Bearbeitungszeit damit zu laufen beginnt, sollte neben dem konkret zu bearbeitenden Thema auch die Fragestellung feststehen. Zudem sollten die der Arbeit zugrundeliegenden Quellen zumindest grob abgesprochen sein.

Themensuche

Vorgegebene Themen (etwa aus dem Programm einer Forschungsgruppe) sind in der Geschichtswissenschaft bisher die Ausnahme. Meist haben die Studierenden größere Freiheit bei der Themenwahl. Dabei ist es ratsam, dass sich das Thema an bisherigen Studienschwerpunkten orientiert und auch zum Lehr- und Forschungsprofil des Betreuenden passt. Zum Teil sehen Prüfungsordnungen vor, dass die Bachelorarbeit im Rahmen eines Seminars entsteht. Dann ist sie an das Rahmenthema des Seminars gebunden. In diesem Fall ist durch das Seminar bereits eine Arbeitsbeziehung zwischen Prüfling und Lehrperson entstanden. Jedenfalls für die Studierenden führt eine gewisse Vertrautheit zu mehr Sicherheit in dieser insgesamt von Unsicherheit geprägten Prüfungssituation. Wenn man sich bereits persönlich kennt, lassen sich Fragen und Anliegen leichter vorbringen. Während einige Studierende diese Koppelung mit einer Lehrveranstaltung als Entlastung wahrnehmen, die ihnen die Themenfindung erleichtert, sehen andere hierin vor allem eine Einschränkung in ihren thematischen Interessen. Auch ohne formale Kopplung an ein Seminar kann das Thema einer Bachelorarbeit in einem Seminarkontext entstehen.

Bearbeitbarkeit

Ob bei einem stärker vorgegebenen oder einem vollständig selbstgewählten Thema – die Herausforderung besteht in beiden Fällen darin, das Thema so zu gestalten, dass es mit studentischen Ressourcen bearbeitet werden kann. Das betrifft zunächst die Bearbeitungszeit: Das Thema sollte so zugeschnitten und eingegrenzt sein, dass es innerhalb des von der Prüfungsordnung vorgegebenen zeitlichen Rahmens bearbeitbar ist und nicht etwa erfordert, dass der oder die Studierende bereits Monate vor der Anmeldung mit der Arbeit beginnt. Es gibt allerdings Studierende, die genau das wünschen: Sie möchten die Arbeit im Grunde fertig haben, bevor sie sich anmelden. Meist steckt die Sorge dahinter, innerhalb der vorgegebenen Zeit nicht fertig zu werden. Es besteht aber die Gefahr des inflationären Wachstums der Arbeiten. Und schließlich ist es Teil der Prüfung, die Leistung innerhalb der vorgegebenen Zeit zu erbringen. Im Normalfall ist es daher nicht empfehlenswert, solchen Wünschen nachzugeben. Bearbeitbarkeit betrifft neben den zeitlichen auch die materiellen und wissenschaftlichen Ressourcen. Das Thema muss mit der Literatur und den Quellen zu bearbeiten sein, die vor Ort zugänglich sind. Ausgedehnte weite Reisen in Bibliotheken und Archive würden diesen Rahmen sprengen.

Quellenauswahl

Die Auswahl der Quellen sollte dem Anspruch der Bachelorarbeit entsprechen, die zwischen der Seminarhausarbeit und der Masterarbeit angesiedelt ist. Umfangreiche Archivrecherchen und gar damit verbundene weite Reisen sind damit nicht angemessen. Archive vor Ort – z.B. das Stadtarchiv, Universitätsarchiv, Archive von Unternehmen oder Institutionen – können hingegen durchaus konsultiert werden, so wie es auch Seminararbeiten gibt, die bereits auf Archivrecherche beruhen. Als Betreuer*in kann man meist besser abschätzen, ob der zu erwartende Aufwand dem Rahmen der Bachelorarbeit angemessen ist. Archivarbeit kann für Studierende ein Anreiz sein, aber auch eine zusätzliche Hürde darstellen. Dies betrifft neben der Auswahl den Zugang zum Archiv und dort dann das Finden geeigneter Quellen – also den Umgang mit Findmitteln. Es kann daher sinnvoll sein, als Lehrende*r den/die Studierende und das zu bearbeitende

Thema per Mail beim zuständigen Archivmitarbeiter*in anzukündigen, um eine Hürde zu nehmen, den Studierenden den Zugang zu erleichtern und ihnen bei der Recherche vor Ort zu zusätzlicher Unterstützung zu verhelfen.

Fragestellung

Die geeignete Fragestellung ist der Türöffner zu einer wissenschaftlichen Arbeit. Zugleich liegt hier eine zentrale Herausforderung für viele Studierende.[9] Die relevante Fragestellung macht den Unterschied zwischen einer rein deskriptiven Arbeit und einer Analyse aus. Auch für die Gestaltung des Arbeitsprozesses ist die Fragestellung entscheidend: Sie ermöglicht die zeitliche und thematische Eingrenzung des Untersuchungsgegenstandes, bedingt die Auswahl und ermöglicht die Erschließung der Quelle(n). Auch wenn Studierende bereits seit ihren ersten Hausarbeiten mit der Herausforderung konfrontiert gewesen sind, eine wissenschaftliche Fragestellung zu entwickeln, geht es ihnen bei der Bachelorarbeit noch nicht unbedingt leicht von der Hand.

Weg zur Fragestellung

Wie können Studierende eine gute Fragestellung entwickeln, wenn sie häufig nur mit einem vagen Interesse für ein Themengebiet anfangen? Folgende Fragen können eine erste Reflexion anstoßen. Als Betreuer*in sieht man anhand der Antworten, an welchen Stellen der/die Studierende möglicherweise Unterstützung benötigt. Das können Hinweise auf Quellen oder wichtige Forschungskontroversen oder Vorschläge zur Dimensionierung und Eingrenzung des Themas sein.

9 Neumann (2018), besonders Kap. 7: Auf dem Weg zur Fragestellung, S. 29–36; vgl. a.: Wolbring (2006), bes. Kap. 6.3: Thema und Fragestellung, S. 228–232.

Folgende Fragen können Studierenden helfen, eine Fragestellung zu entwickeln:[10]

- Was interessiert mich am Thema/Gegenstand?
- Welche Bezüge gibt es zu Problemen und Herausforderungen der Gegenwart?
- Welche Bezüge gibt es zu gegenwärtig in der Forschung diskutierten Fragen?
- Was ist an dem Thema, dem Gegenstand relevant für die wissenschaftliche Forschung? In welchem Bezug steht das Thema (meine Fragestellung) zur bisherigen Forschungsentwicklung? Gibt es kontroverse Diskussionen oder allgemein geteilte Positionen (die man vielleicht in Frage stellen kann)?
- Welche Quelle(n) stehen mir zur Verfügung (publiziert, in Editionen oder in erreichbaren Archiven?)
- Welche Aussagekraft haben die Quellen? Was lässt sich mit ihnen herausfinden? Auf welche Frage geben sie eine Antwort? Auf welche nicht?

Concept-Map

Es kann hilfreich sein, den/die Studierende aufzufordern, diese Fragen schriftlich zu beantworten und dabei gleich zu den einzelnen Punkten erste Recherchen anzustellen. Die Überlegungen und Recherchen können statt in einem Fließtext ebenso gut mit Hilfe einer Concept-Map[11] festgehalten und weiterentwickelt werden. Diese eher graphische Vorgehensweise ist ein gleichberechtigter Weg, Ideen zu generieren und festzuhalten. Die Concept-Map hat – anders als die bekanntere Mind-Map – nicht unbedingt einen Zentralbegriff, sondern kann mehrere auch gleichberechtigte Begriffe verknüpfen, um Beziehungen und Hierarchien sichtbar zu machen. Ob schriftlich oder graphisch, kann dem/der Studierenden überlassen bleiben. Das Ergebnis kann die Grundlage für ein Sprechstundengespräch sein, in dem diese Überlegungen

10 Vgl. Lerche (2019), S. 137–145.

11 Hierzu z.B. das Arbeitsblatt des Schreibzentrums der Frankfurter Goethe-Universität: https://www.starkerstart.uni-frankfurt.de/59989416/A09_Concept_Map.pdf (zuletzt geprüft am 18.7.2024).

konkretisiert werden. Als Betreuer*in hat man einen besseren Überblick über aktuelle Forschungsdiskussionen und Neuerscheinungen und kann hier einige Hinweise geben, ohne dabei dem/der Studierenden die Recherche abzunehmen. Auch Hinweise, wo nach Quellen gesucht werden kann oder welche Bibliotheken, Archive und welche Quellengruppen in Frage kommen, sind zu diesem Zeitpunkt für Studierende hilfreich.

Dreischritt-Methode

Nach dem Brainstorming können die Fragen mit der Dreischritt-Methode[12] sortiert werden, um ein konkretes Projekt zu entwickeln:

1. Themenfeld, Forschungskontext
   a. Was ist der allgemeine Forschungskontext, welche übergeordnete Fragestellung wird in der Forschung behandelt (vielleicht sogar kontrovers?) Gibt es kontroverse Diskussionen oder allgemein geteilte Positionen (die man vielleicht in Frage stellen kann)?
   b. Was ist an dem Thema, dem Gegenstand relevant für die wissenschaftliche Forschung? In welchem Bezug steht das Thema (meine Fragestellung) zur bisherigen Forschungsentwicklung?
2. Gegenstand bzw. konkretes Thema: Was soll untersucht werden? Welche Quelle(n) stehen zur Verfügung?
   a. In welchem Verhältnis steht der konkrete Untersuchungsgegenstand zum Themenfeld? (zentral und repräsentativ, zeigt einen Ausschnitt, ein Beispiel etc.)
   b. Welche Quelle(n) stehen zur Verfügung? Was kann man an ihnen erkennen, also: Was ist der Aussagewert dieser Quelle(n)?
   c. Anhand welcher Quellen/konkreten Ereignisse oder Entwicklungen ließe sich die etablierte Forschungsmeinung überprüfen?

12 Hierzu: Grieshammer/Liebetanz/Peters/Zegenhagen (2012), S. 178 f.

3. Fragestellung?
    a. Warum soll die Quelle analysiert bzw. ausgewertet werden? Was macht sie wissenschaftlich interessant?
    b. Was soll geprüft, festgestellt, herausgefunden, erläutert oder widerlegt werden?
    c. Was ist das Ziel der Arbeit?

Alternativer Dreischritt

Die Reihenfolge der Schritte kann auch anders lauten. Vom konkreten Gegenstand bzw. der Quelle ausgehend ergibt sich dann folgender Weg:

1. Was ist das konkrete Thema bzw. der Gegenstand der Arbeit, welche Quellen stehen zur Verfügung? Was wird untersucht?
2. Was soll durch die Untersuchung des Gegenstandes oder die Analyse der Quelle(n) herausgefunden werden? Warum sind die genannten Quellen geeignete Grundlage für die Untersuchung?
3. In welchem Forschungskontext stehen Thema und Fragestellung?
    a. Warum ist das relevant?
    b. An welchen Forschungskontext wird mit dieser Untersuchung angeknüpft?
    c. Zu welchem Themenbereich ist das Thema angesiedelt?

Aus diesen Punkten abgeleitet ergeben sich die einzelnen Aspekte der Untersuchung und der Argumentation, also die Gliederung der Arbeit.

Quellenproblem

Historiker*innen müssen bei der Entwicklung einer Fragestellung eine Besonderheit des Faches beachten: Stets muss mitbedacht werden, ob hierfür Quellen zur Verfügung stehen. Befragungen sind nur in der Zeitgeschichte möglich, wenn mit Oral History gearbeitet wird. In der Regel müssen Historiker*innen mit den vorhandenen Quellen arbeiten, ihre Lückenhaftigkeit und die möglicherweise anderen Zusammenhänge in Rechnung stellen, in denen die Quellen entstanden sind.

Gütekriterien der Fragestellung

Folgende Kriterien helfen zu prüfen, ob eine gute Fragestellung entwickelt wurde: Eine gute Fragestellung ist interessant. Zunächst natürlich für den oder die Bearbeiter*in, darüber hinaus ist sie auch von allgemeinem Interesse. Sie schließt an den Forschungsstand an und ist wissenschaftlich relevant. Sie erfordert eine Untersuchung, denn die Antwort liegt nicht auf der Hand; und sie kann innerhalb der vorgegebenen Zeit und mit den zur Verfügung stehenden Ressourcen (Quellen, Literatur) bearbeitet werden.

Strukturierung der Bearbeitungszeit

Zwischenschritte

Feste Termine helfen, den Arbeitsprozess zu strukturieren. Wer kennt es nicht, dass ein nahender Abgabetermin die Arbeitsintensität und damit die Produktivität erhöht? Eine Aufgabe mit langer Laufzeit oder ohne Termindruck wird oft zugunsten kurzfristiger Termine aufgeschoben. Man kann als Betreuer*in daher die Studierenden bei der Strukturierung ihres Arbeitsprozesses unterstützen, indem man einen groben Fahrplan vereinbart, also Termine oder Zeitfenster, zu denen bestimmte Zwischenschritte erbracht sein sollen. Bei einem Sprechstundentermin kann dann jeweils über den Arbeitsfortschritt berichtet werden, es können Fragen gestellt und Hindernisse angesprochen werden, die aufgetaucht sind. Sinnvolle Zwischenschritte sind das Exposé am Anfang der Bearbeitungszeit, eventuell ein Vortrag im Kolloquium nach etwa zwei Dritteln der Bearbeitungszeit oder alternativ ein Bericht in der Sprechstunde. Diese Zwischenschritte werden im Folgenden erläutert.

Exposé

Wenn das Thema eingegrenzt ist, Fragestellung und Quellengrundlage abgesprochen, ist ein sinnvoller erster Schritt im Arbeitsprozess das Erstellen eines Exposés. Das Schreiben eines Exposés trainiert die Fähigkeit, ein geplantes Vorhaben prägnant zu umreißen, Thema, Fragestellung und den erwarteten Erkenntniswert zu benennen. Auch die Einordnung in ein größeres Themenfeld und einen Forschungskontext gehört dazu sowie das Erstellen eines Zeit- oder Projektplans. Das Exposé erleichtert es, zu einem frühen Zeitpunkt die Qualität eines Projektes abzuschätzen und gegebenenfalls nachzuschärfen. Damit ist das Exposé eine geeignete Grundlage für ein schriftliches und mündliches Feedback.

Exposé-Vorlage

Im Idealfall haben Studierende während der vorangegangenen Semester bereits einige Male ein Exposé für eine Hausarbeit verfasst und sind mit der Textsorte bereits vertraut. Auch dann kann es nützlich sein, den Studierenden eine Anleitung zur Verfügung zu stellen, die die Textsorte und ihre Funktion vorstellt und die Elemente nennt, die das Exposé enthalten soll. Mein Hinweisblatt zum Exposé sieht folgendermaßen aus:

Hinweise zum Verfassen eines Forschungsexposés

Hinweise zur Textgattung:

Ein Forschungsexposé ist der Entwurf einer geplanten wissenschaftlichen Arbeit. Es nennt das Thema, stellt die Forschungslage zum Thema vor, präsentiert die Fragestellung und eine Gliederung. Das Exposé enthält damit die Elemente der Einleitung und kann deshalb als erster Entwurf der späteren Einleitung verstanden werden. Der muss dann später höchstwahrscheinlich noch überarbeitet werden, da sich meistens etwas anders entwickelt, als man zunächst geplant hatte.

Das Exposé soll den Leser vom Forschungsprojekt überzeugen und Interesse wecken. Zudem ist es die Grundlage für Feedback – sei es der Hausarbeit, der Bachelorarbeit oder anderer wissenschaftlicher Arbeiten.

In vielen anderen Zusammenhängen wird ebenfalls ein Exposé geschrieben oder verlangt: Ein Exposé ist Voraussetzung für die Bewerbung um Stipendien oder Forschungsförderung auf allen Ebenen bis hin zu millionenschweren Forschungsprogrammen. Das Exposé dient Mittelgebern als Grundlage, um über Förderanträge und Mittelzuwendungen zu entscheiden. Bei studentischen Arbeiten von der Seminarüber die Bachelor- zur Masterarbeit oder Staatexamensarbeit ist es die Grundlage für ein systematisches Feedback.

Funktionen des Forschungsexposés:

- Für den/die Autor*in erleichtert es die Klärung des Vorhabens. Statt „einfach drauf los" zu arbeiten, hilft es, strukturiert vorzugehen und so Umwege (und damit Mehrarbeit) zu verringern.
- Es dient als Grundlage für das Einholen von Feedback von Dozent*innen und Kommiliton*innen.

Elemente und evtl. Gliederungspunkte des Forschungsexposés:

1. Angaben zum*r Autor*in (gerne als Kopf auf der Seite, ein Vorblatt ist nicht nötig)
   - Name,
   - studentische Mail-Adresse
   - formaler Rahmen der Forschungsarbeit, d.h. Angaben zur Lehrveranstaltung, geplante Abschlussarbeit etc.
2. geplanter Titel und Untertitel
   - aussagekräftiger Titel und evtl. Untertitel (sollte nicht mehr als 150 Zeichen mit Leerzeichen umfassen)
3. kurze Hinführung zum Thema. Hierbei sind zwei Wege möglich:
   - vom Allgemeinen zum Besonderen, d.h. vom größeren Zusammenhang zum Spezialfall, der damit zugleich eingeordnet wird

   oder
   - ausgehend von einem konkreten Beispiel/Einzelfall zum übergeordneten Thema

Die folgenden Punkte können in der Reihenfolge variieren. So ist es manchmal sinnvoll, zunächst den Forschungsstand darzulegen und hieraus die Fragestellung zu entwickeln (wenn man beispielsweise einer Forschungsposition widersprechen oder sie überprüfen will). Sie sollten aber alle im Exposé und später in der Einleitung der Hausarbeit enthalten sein.

4. Fragestellung
   - Welche wissenschaftliche Fragestellung verfolgt die geplante Arbeit? Was ist das Erkenntnisinteresse?

- Entwickeln Sie eine Arbeitshypothese: Wie könnte eine mögliche Antwort auf Ihre Frage aussehen?
- Begründen Sie die (wissenschaftliche) Relevanz Ihres Forschungsprojektes: In welchem Forschungskontext ist es relevant, Ihre Frage aufzuwerfen und nach einer Antwort zu suchen?
- Welche Verbindung besteht zwischen der Fragestellung und der bisherigen Forschung und dem bisherigen Kenntnisstand? Überprüfen Sie eine These, die im Widerspruch zu einer anderen Forschungsposition steht? Oder erweitern Sie ein Forschungsgebiet um einen neuen Aspekt? Erschließen Sie neue Quellen für eine etablierte Frage?

5. Stand der Forschung und Forschungskontext

An dieser Stelle muss deutlich werden, dass Sie sich bereits ins Thema eingearbeitet haben, die wichtige Literatur zu Ihrem Gegenstand sowie die Literatur zum theoretischen bzw. methodischen Kontext kennen.

- In welchem Forschungszusammenhang stehen Ihr Thema und Ihre Fragestellung?
- An welche Vorarbeiten knüpfen Sie methodisch und sachlich an?
- Machen Sie Literaturangaben in Fußnoten. Bibliographische Angaben sollten stets vollständig sein (bei Kurzbelegen in Fußnoten ist ein Literaturverzeichnis erforderlich).

6. Quellengrundlage

- Auf welcher Quellengrundlage wird das Forschungsprojekt durchgeführt? Was ist der Untersuchungsgegenstand?

7. Theoretischer Rahmen und methodisches Vorgehen

Wenn die Arbeit an eine bestimmte Theorie anknüpft, muss das gesagt und die Theorie kurz erläutert werden. Auch muss vorgestellt werden, auf welche Weise die Quellen ausgewertet werden sollen. Kurz gesagt: Wie sollen die Ergebnisse zustande kommen?

8. Ziele und Arbeitsprogramm

- In welche sinnvollen Abschnitte und Zwischenschritte wird das Thema gegliedert? Begründen Sie die argumentative Reihenfolge. Formulieren Sie ganze Sätze, keine Stichpunkte. Also: Wie wird etwa die Gliederung Ihrer Arbeit aussehen? Natürlich haben Sie später die Möglichkeit, hieran etwas zu ändern, aber entwickeln Sie bereits eine Vorstellung.

- Erstellen Sie einen Zeitplan für die einzelnen Arbeitsschritte bis zur Abgabe der Hausarbeit. Planen Sie Zeit für die einzelnen Phasen von der Literaturrecherche und eventuellen Archivbesuchen über die Lektüre- und Schreibphasen bis zur Überarbeitung und Fertigstellung. Insbesondere die Zeit für die Überarbeitung sollte nicht zu knapp bemessen sein. Der Zeitplan hilft dabei, frühzeitig abschätzen zu können, ob das Projekt mit den jeweils zur Verfügung stehenden Ressourcen realisierbar ist. Dieser Zeit- oder Projektplan kann als Tabelle oder Balkendiagramm, sogenanntes Gantt-Chart, erstellt werden.

Sprache:
Das Exposé ist eine wissenschaftliche Textsorte, kein reflektierender Text. Deshalb gelten die Regeln für wissenschaftliche Texte auch auf sprachlicher Ebene:

- Es ist in sachlicher, argumentierender Sprache geschrieben. Die 1. Person Singular zu vermeiden hilft dabei, sachlich zu schreiben und statt Meinungen begründete Hypothesen anzuführen.
- Adressat ist ein gedachte*r Leser*in, der* mit Thema und Gegenstand nicht vertraut ist.

Umfang:
Für eine Bachelorarbeit drei bis fünf Seiten, das entspricht ca. 9.000 Zeichen mit Leerzeichen.

Abgabeformat:
Dateien im Format *.doc, *.docx oder *.odt, bitte kein *.pdf (denn nur so kann ich Korrekturen und Anmerkungen im Überarbeiten-Modus einfügen).

Materialien

Viele Schreibzentren und auch andere universitäre Einrichtungen bieten Handouts und Selbstlernmaterial für Studierende an. Hier sowie in der Ratgeberliteratur finden sich Anleitungen zum Schreiben von Exposés, zur Entwicklung einer Fragestellung oder zur Erstellung eines Projektplans (s.u. für weitere Literaturhinweise und Links).[13]

Exposé-Feedback

Nach der Absprache des Themas ermöglicht das Exposé ein ausführliches Feedback, das sowohl schriftlich per Mail versandt als auch mündlich in einer Sprechstunde erfolgen kann. Als Betreuer*in kann man anhand des Exposés erkennen, ob der oder die Studierende auf einem guten Weg ist und zu welchen Punkten Hilfestellung benötigt wird. Folgende Fragen können das Feedback zum Exposé leiten:

- Wird die Relevanz der Fragestellung deutlich?
- Ist das Thema zu weit oder zu eng dimensioniert, ist es sinnvoll eingegrenzt?
- Ist die für das Thema relevante Literatur ermittelt worden und angemessen erschlossen?
- Sind die gewählten Quellen passend, um die Fragestellung zu bearbeiten oder umgekehrt: Ist die gewählte Fragestellung geeignet, die Quelle(n) angemessen zu erschließen?
- Ist das Thema organisatorisch realisierbar? Sind Quellen zugänglich, zu besuchende Archive in erreichbarer Nähe?
- Wird der Forschungsstand prägnant umrissen? Insbesondere an der Darstellung des Forschungsstandes wird im Exposé deutlich, wie intensiv der oder die Studierende sich bereits eingearbeitet hat und die bisherige Forschung analytisch durchdringt.
- Wird eine einleuchtende Gliederung präsentiert, die bereits einen roten Faden erkennen lässt?
- Ist der Zeitplan realistisch?
- Ist das Exposé in angemessener Wissenschaftssprache geschrieben?

---

13 Frank/Haacke/Lahm (2013), S. 145–150; Neumann (2018), S. 35–42; Wolbring (2006), S. 228–232.

- Fallen Schwächen in Satzbau, Zeichensetzung, Wortwahl und Wortverbindungen auf? Wird die Terminologie angemessen verwendet?

Sprechstundentermine

Beim Besprechen des Exposés kann auch verabredet werden, zu welchen Zeitpunkten weitere Sprechstundentermine erfolgen sollen. Dann kann jeweils eine Rückmeldung zu Zwischenschritten oder -ergebnissen erfolgen und die Gelegenheit gegeben werden, Fragen zu stellen. Dabei können bereits konkrete Termine vereinbart werden oder Zeitfenster mit der klaren Absprache, dass die Initiative für die Vereinbarung eines konkreten Termins vom Studierenden ausgeht. Diese Termine erleichtern es beiden Parteien, in einer Art Controlling-Prozess abzuschätzen, ob der Arbeitsplan eingehalten ist und ob die (Zwischen-)Ergebnisse den Erwartungen entsprechen. Lücken oder auch Fehler können so frühzeitig identifiziert und korrigiert werden. Eine Rückmeldung zu Zwischenschritten sollte dabei nicht bedeuten, ganze Kapitel bereits vor der Abgabe der Prüfungsleistung gleichsam vorzukorrigieren.

Präsentation

Eine weitere Möglichkeit, die Anlage der Arbeit und mögliche Zwischenergebnisse zu diskutieren, bietet die Präsentation des Vorhabens in einem Forschungs- oder Examenskolloquium. Diese Präsentation eignet sich als zweiter Zwischenschritt nach dem Exposé. Wenn der Arbeitsprozess bereits etwas weiter vorangeschritten, aber noch nicht abgeschlossen ist, bietet sich so die Gelegenheit, Fragestellung, Hypothesen und erste Ergebnisse vorzustellen und hierfür ein kollegiales Feedback einzuholen. Gerade kritische Hinweise sind zu diesem Zeitpunkt hilfreich, denn noch können die Anregungen umgesetzt und die Arbeit damit verbessert werden. Eine Kolloquiumspräsentation sollte allen Studierenden dringend geraten werden – wenn sie nicht ohnehin verpflichtender Teil des Prüfungsmoduls ist.

Dennoch scheuen viele Studierende die Kolloquiumspräsentation oder versuchen, den Termin möglichst weit nach hinten zu schieben. Sie wollen bereits weit fortgeschritten sein und lieber die fertige Arbeit präsentieren. Damit missverstehen sie jedoch diesen Termin und verschenken gewissermaßen den „Publikumsjoker". Es ist wichtig, den Studierenden zu verdeutlichen, dass dieser Zwischenstand der Arbeit nicht bewertet wird, sondern dass er vielmehr Teil des wissenschaftlichen Schreibprozesses ist und eine gute Gelegenheit, Feedback einzuholen. Die Leistung liegt darin, auf dieses Feedback dann zu reagieren und mit Hilfe der erhaltenen Rückmeldungen die Argumentation zu schärfen. Bewertet wird ja die abgegebene Arbeit, nicht der Zwischenstand.

Feedback

Wenn der Vortrag vor einer Seminargruppe z. B. aus organisatorischen Gründen nicht möglich ist, kann diese Präsentation auch im Rahmen der Sprechstunde erfolgen. Ob vor Publikum oder nicht, der Vortrag verdient ein Feedback und die Nachbesprechung bei einem weiteren Sprechstundentermin. Es ist zugleich Gelegenheit, den Arbeitsstand, nächste Schritte und Verbesserungsmöglichkeiten noch einmal zu reflektieren. Manchmal ist es auch erforderlich, Feedback aus der Seminargruppe zu relativieren. Es gilt ja auch hier der Feedbackgrundsatz, dass der Feedbacknehmer nicht verpflichtet ist, Feedback umzusetzen. Die Entscheidung, welche Anregungen wie aufgenommen und umgesetzt werden, bleibt bei dem bzw. der Studierenden. Und nach gründlicher Überlegung kann es sinnvoll sein, Vorschläge und Anregungen zu verwerfen. Manchen Studierenden hilft es, explizit zu dieser Selbstermächtigung ermutigt zu werden.

Verantwortungsübernahme

Nichts ist jedoch dem eigenständigen Denken, einer forschenden Haltung und damit dem Entstehen einer sehr guten Arbeit so abträglich wie das ängstliche Schielen auf vermeintliche Erwartungen. Es geht nicht darum, Hinweise zu ignorieren oder beiseitezuwischen, sondern darum, die Verantwortung für den eigenen Forschungs- und Schreibprozess zu übernehmen. Und dazu kann es gehören, sich für ein anderes Vorgehen zu entscheiden oder zu einem anderen Ergebnis zu gelangen, als der/die Betreuer*in vorgeschlagen hatte, wenn es hierfür gute Gründe und Argumente gibt.

Sprechstunden

Beratungsbedarf

Ob neben diesen beiden Zwischenschritten weitere Sprechstundentermine stattfinden, hängt vom Beratungsbedarf der/des Studierenden und von den eigenen Kapazitäten ab. Für sich selbst sollte man zunächst klären, in welchem Umfang man ansprechbar ist bzw. sein kann und welchen Weg man bevorzugt – ob in festgelegten Abständen oder bei Bedarf, zu festgelegten Sprechstundenzeiten oder zu individuell vereinbarten Terminen, mit oder ohne Anmeldung, nach Anfrage per Mail oder bei jederzeit offener Bürotür. Diese Fragen sind ja auch abhängig von der Art und dem Umfang anderer Aufgaben und auch davon, wann man selbst wie erreichbar sein kann. Natürlich sollen Studierende nicht wegen jedem Komma fragen, aber einige scheuen die Kontaktaufnahme auch bei relevanten Fragen oder ernsthaften Problemen. Eine klare Kommunikation hierüber kann Hürden nehmen und deshalb für Studierende entlastend sein.

Sprechstundengestaltung

Wie beim Zustandekommen von Terminen, kann auch bei der Gestaltung der Sprechstunden die Initiative zunächst den Studierenden überlassen bleiben. Sie haben die Gelegenheit, ihr Anliegen vorzubringen bzw. Fragen zu stellen. Wenn sie kein konkretes Anliegen mitbringen oder nachdem dieses geklärt ist, kann man mit einer eher allgemeinen Frage – etwa nach dem Stand des Projektes – das Gespräch (er-)öffnen.

Wertschätzende Kommunikation

Für die Gesprächsführung ist – unabhängig von der oben beschriebenen Rollenklärung – eine interessierte, aufgeschlossene Haltung förderlich, mit der man Zugewandtheit signalisiert. Hilfreich für den oder die Studierende ist ein konstruktives Gesprächsklima, das förderliche Kritik einschließt. Um es zu erreichen und zu erhalten, ist es hilfreich, eigene Beobachtungen und Wahrnehmungen zu formulieren („für mich klingt das…", „hier versteh ich noch nicht …") statt allgemeiner, gar direktiver Aussagen („So kann man das nicht sagen." „Das ist unverständlich."). So kann man hervorheben, welche Punkte man für gelungen hält und wo man Verbesserungspotential sieht, Lücken oder auch drohende Fallstricke. Die sogenannten „Ich-Botschaften" erleichtern den Studierenden den Umgang mit dem erhaltenen Feedback: es als hilfreich wahrzunehmen und selbst zu entscheiden, was davon und wie es umgesetzt werden kann.

Gesprächssicherung

Wenn man selbst einen Eindruck vom Arbeitsstand hat und anstehende Fragen geklärt sind, kann es zum Abschluss des Gesprächs hilfreich sein, Wichtiges nochmal zusammenzufassen und nächste Schritte und Termine zu vereinbaren. Sie für sich selbst zu notieren hilft, beim nächsten Gespräch schnell den Faden aufnehmen zu können.

Schwierigkeiten im Verlauf der Bearbeitung

Hürden und Blockaden

Es ist nicht ungewöhnlich, dass während des Bearbeitungsprozesses Hürden zu überwinden sind, Schwierigkeiten oder Blockaden auftreten. Die Hürden wachsen – zumindest subjektiv für die Studierenden – mit der Bearbeitungszeit von der Hausarbeit zur Bachelorarbeit und weiter zu Masterarbeit und Promotion. Hinzu kommt das symbolische und tatsächliche Gewicht der Abschlussarbeit. Nicht alle Hürden, die im Verlauf des Bearbeitungsprozesses auftreten, muss oder kann man als Betreuer*in ausräumen. Es ist hilfreich, sich in der Rolle eines Coaches zu sehen, der zunächst bei der Identifizierung der Schwierigkeiten unterstützt. Es gibt unterschiedliche Ebenen, auf denen Schwierigkeiten bestehen können.[14]

Sachebene

Die Sachebene ist betroffen, wenn Informationen oder Kenntnisse fehlen, wenn wichtige Zusammenhänge nicht erkannt oder nicht verstanden werden. Durch Nachfragen kann man zunächst die Ursache der Wissenslücke zu finden versuchen. Hier gibt es eine Bandbreite von Möglichkeiten. Wenn bislang noch nicht intensiv recherchiert wurde, ist die Sache klar: Es muss nachgearbeitet werden. Vielleicht liegt ein Missverständnis zwischen Studierender*m und Betreuender*m vor, das sich klären lässt. Fehlen historische Grundlagenkenntnisse, kann man den/die Studierenden auf die Handbuchliteratur und historische Nachschlagewerke verweisen. Fehlen Zugangsmöglichkeiten zu einem Archiv, kann man möglicherweise mit einer Mail den Weg bahnen.

---

14 Hierzu: Landwehr/Müller (2008).

Methodenebene

Auf der Methodenebene kann die Blockade darin bestehen, dass dem oder der Studierenden Kenntnisse über einen strukturierten Rechercheprozess bzw. das methodische Vorgehen fehlen. Viele Studierende sind auch gegen Ende des Studiums noch unsicher, wie sie relevante Literatur ermitteln und sich den Forschungsstand erschließen können. Vielen sind noch immer die wichtigen Handbuchreihen und Nachschlagewerke nicht geläufig. In der Sprechstunde wird nicht die Zeit sein, die Proseminarsitzung über strukturierte Literaturrecherche zu wiederholen, doch man kann Hilfsmittel nennen oder zur Verfügung stellen, mit denen diese Kompetenzen selbständig erworben werden können. Das können eigene Arbeitsblätter oder Handouts sein, Reader zu Tutorium oder Proseminar, Unterstützungsangebote, die von Bibliotheken oder Schreibzentren bereitgestellt werden, oder propädeutische Einführungsliteratur.[15]

Persönliche Ebene

Eine Blockade kann ihre Ursache auch auf der persönlichen Ebene haben. Unstrukturierte Arbeitsplanung, fehlendes Zeitmanagement, aber auch emotionale Konflikte wie geringe Motivation, Ängste oder Selbstzweifel können den Arbeitsprozess hemmen bis lähmen. Durch geschicktes Fragen kann man möglicherweise einigen Studierenden helfen zu verstehen, was die eigentliche Ursache der Blockade ist, und so schon zu ihrer Überwindung beitragen. Dass der Arbeits- bzw. Erkenntnisprozess manchmal stockt, man nicht immer produktiv ist, das Aufkommen von Zweifeln an den eigenen Fähigkeiten und der Relevanz des Themas – all das sind in gewisser Weise normale Begleiter des Schreibprozesses, die jede*r Wissenschaftler*in, jede*r Schreibende kennt. Manchmal hilft es also vielleicht schon, von eigenen Erfahrungen zu berichten oder mit dem Hinweis auf Thomas Mann zu trösten, dem der Ausspruch zugeschrieben wird: „Ein Schriftsteller ist jemand, dem das Schreiben schwerfällt".[16] Manchmal reichen bereits solche Anstöße, in anderen Fällen ist eine intensivere Unterstützung erforderlich. Wenn man diesen

15 Emich (2019); Freytag/Piereth (2008); Wolbring (2006).
16 Vgl.: Gauger (2006), S. 47.

Eindruck gewinnt, sollte man sich nicht als Therapeut*in versuchen, sondern besser auf professionelle Hilfe verweisen. Viele Universitäten bieten psychologische Beratung für Studierende oder Unterstützungsangebote in Form von Workshops etwa zu Zeit- und Selbstmanagement, Resilienz oder Stressbewältigung an.

Unterstützungsmöglichkeiten für Studierende und weitere Unterstützungsangebote

Rollenklärung

In der Sprechstunde kann man Studierende unterstützen, indem man durch aufmerksames Zuhören und Nachfragen hilft, Klarheit herzustellen. So kann man es den Studierenden vielleicht zunächst erleichtern zu erkennen, auf welcher Ebene (s.o.) die Schwierigkeit liegt. Auch selbst kann man so erkennen, ob das Problem eine Intervention und vielleicht eine Entscheidung von einem selbst erfordert – etwa den Hinweis auf weitere Quellen oder wichtige Literatur. Vielleicht stellt man fest, dass andere Unterstützung erforderlich ist. Hier hilft es, sich die eigene Rolle zu vergegenwärtigen: Als Betreuer*in auf der Sach- und Methodenebene kann man je nach Situation zwischen verschiedenen Abstufungen der Direktivität beraten. Die Verantwortung für die letztlich getroffene Entscheidung sollte dabei so weit wie möglich beim Studierenden bleiben. Zudem kann man auf weitere Unterstützungsangebote innerhalb und außerhalb der eigenen Universität verweisen.

Methodische Unterstützung

Im Idealfall haben Studierende im Verlauf ihres Studiums bis zum Beginn der Bachelorarbeit das methodische Handwerkszeug wissenschaftlichen historischen Arbeitens kennengelernt und können es jetzt in etwas größerem Maßstab anwenden. Es kann aber sein, dass einzelne bis dahin weder systematisch bibliographiert oder mit einem Literaturverwaltungsprogramm gearbeitet noch einen Zeitplan erstellt oder andere Arbeitstechniken reflektiert eingesetzt haben. Wenn die Aufgaben komplexer und langfristiger werden, sind diese Techniken allerdings hilfreich oder sogar erforderlich. Hierfür existiert inzwischen eine Fülle von Unterstützungsangeboten in verschiedenen Kanälen.

Ratgeberliteratur gab es schon immer, das Spektrum hat sich dabei in den letzten Jahren erheblich ausgeweitet. Neben wissenschaftspropädeutischer Literatur sind inzwischen einige fachspezifische Ratgeber zu wissenschaftlichem Arbeiten hinzugekommen.

Einführungsliteratur in Themengebiete und Fragestellungen der Geschichtswissenschaft

- Bösch, Frank (Hg.) (2012): Zeitgeschichte. Konzepte und Methoden. Göttingen.
- Budde, Gunilla (Hg.) (2008): Geschichte. Studium, Wissenschaft, Beruf. Berlin.
- Goschler, Constantin (2010): Europäische Zeitgeschichte seit 1945. Hg. v. Rüdiger Graf. Berlin.
- Metzler, Gabriele (2004): Einführung in das Studium der Zeitgeschichte. Paderborn u.a.
- Rublack, Ulinka (Hg.) (2013): Die Neue Geschichte. Eine Einführung in 16 Kapiteln. Frankfurt/M.
- Wirsching, Andreas (Hg.) (2006): Oldenbourg Geschichte Lehrbuch: Neueste Zeit. München.

Literatur zu Arbeitsweisen im geschichtswissenschaftlichen Studium

- Emich, Birgit (2019): Geschichte der Frühen Neuzeit (1500–1800) studieren. 2., völlig überarbeitete Auflage. München.
- Freytag, Nils/Piereth, Wolfgang (2008): Kursbuch Geschichte. Tipps und Regeln für wissenschaftliches Arbeiten. 3., aktualisierte und erw. Aufl. Paderborn u.a.
- Schmale, Wolfgang (Hg.) (2006): Schreib-Guide Geschichte. Schritt für Schritt wissenschaftliches Schreiben lernen. Wien u.a.
- Wolbring, Barbara (2006): Neuere Geschichte studieren. Stuttgart.

Literatur zum wissenschaftlichen Schreiben

- Frank, Andrea/Haacke, Stefanie/Lahm, Swantje (2013): Schlüsselkompetenzen: Schreiben in Studium und Beruf. Stuttgart u.a.
- Kruse, Otto (2015): Lesen und Schreiben. 2. Aufl., Konstanz.
- Neumann, Friederike (2018): Schreiben im Geschichtsstudium. Leverkusen.

Literatur zu Studientechniken und Schlüsselkompetenzen

- Abel, Thomas (2022): Anfangen statt aufschieben! Wie du Blockaden überwindest und deine Ziele erreichst. Paderborn.
- Beifuss, Annika; Holzbauer, Ulrich (2020): Projektmanagement für Studierende: Strategie und Methode für ein erfolgreiches Studium. 2. Aufl., Wiesbaden.
- Boeglin, Martha (2012): Wissenschaftlich arbeiten Schritt für Schritt. Gelassen und effektiv studieren. 2. Aufl. Paderborn.
- Chirico, Rosaria/Selders, Beate (2010): Bachelor statt Burnout. Göttingen.
- Höcker, Anna/Engberding, Margarita/Rist, Fred (2021): Heute fange ich wirklich an! Prokrastination und Aufschieben überwinden – ein Ratgeber. Göttingen.
- Leonhardt, Jennifer (2016): Stressmanagement – Mit weniger Druck mehr erreichen. Weinheim/Basel.
- Meier, Rolf (2010): Zeitmanagement. Grundlagen, Methoden und Techniken. Offenbach.
- Niedermair, Klaus (2010): Recherchieren und Dokumentieren. Der richtige Umgang mit Literatur im Studium. Konstanz.
- Oehlmann, Doina (2012): Erfolgreich recherchieren - Geschichte. München.
- Pfister, Isabelle (2016): Get organized. Deine Tools für cleveres Selbstmanagement. Frankfurt/M.
- Ries, Antje (2018): Das Projekt Studium meistern: erfolgreich studieren ohne sich zu verzetteln. München.

- Rückert, Hans-Werner (2002): Schluss mit dem ewigen Aufschieben. Wie Sie umsetzen, was Sie sich vornehmen. Frankfurt/M. u.a.
- Rustemeyer, Ruth/Callies, Claudia (2013): Aufschieben, Vermeiden, Verzögern. Einführung in die Prokrastination. Darmstadt.
- Stenger, Christiane (2014): Lassen Sie Ihr Hirn nicht unbeaufsichtigt! Gebrauchsanweisung für Ihren Kopf. Frankfurt/M.
- Yesil, Nevriye A. (2019): Knack Dein Gehirn für Deinen Erfolg! Berlin, Heidelberg.

Jeder Text wird durch Feedback besser. Das gilt natürlich auch für Bachelorarbeiten. Im Prinzip wissen Studierende das auch. Wenn es trotzdem nicht klappt, vor der Abgabe Feedback einzuholen, kann das mehrere Gründe haben. Der wohl häufigste Grund ist das Zeitmanagement: Der Text ist zu spät fertig, es fehlt die Zeit für gründliche Durchsicht oder gar dafür, die Arbeit insgesamt jemandem zur kritischen Lektüre zu geben. Auf die Gefahr kann man als Betreuungsperson hinweisen und (am besten mehrmals) daran erinnern, Zeit für Überarbeitung und Feedback einzuplanen. Das Besprechen von Exposé und Zeitplan ist hierfür eine mögliche Gelegenheit. Feedback

Als Feedbackgeber eignen sich eigentlich alle, die aufmerksam und kritisch lesen. Besonders hilfreich sind schreibdidaktisch qualifizierte Feedbackgeber*innen, die aus überfachlicher Perspektive einen analytischen Blick auf den Text werfen und auch den Schreibprozess begleiten können. Viele Universitäten haben in den letzten Jahren Schreibzentren aufgebaut, die Schreibberatung meist durch qualifizierte Schreibtutor*innen anbieten. Im Idealfall haben Studierende dieses Angebot bereits während des Studiums kennengelernt. In jedem Fall lohnt es, sich selbst über das Angebot an Schreibunterstützung der eigenen Universität zu erkundigen: Gibt es ein Schreibzentrum (manchmal unter den Namen Schreiblabor oder Schreibwerkstatt)? Wird dort Schreibbera- Feedbackgeber tung angeboten? Gibt es Flyer mit einer Kontaktadresse, die man Studierenden mitgeben kann oder einen Link?

Unterstützungsmaterialien

Einige Schreibzentren bieten zudem Unterstützungsmaterialien an, die frei im Netz verfügbar und damit auch von anderen Standorten aus nutzbar sind.

Eine unvollständige Auswahl:

- Handreichungen für Studierende des Schreibzentrums der Goethe-Universität Frankfurt: https://www.starker-start.uni-frankfurt.de/82755403/Material (14.6.2024)
- Materialien zum Schreiben des Schreiblabors der Universität Bielefeld: https://www.uni-bielefeld.de/einrichtungen/schreiblabor/schreibportal/materialien/#comp_00005c3e9e38_00000000a7_0131 (14.6.2024)
- Selbstlernmaterial der Schreibwerkstatt TU Darmstadt: https://www.owl.tu-darmstadt.de/online_hilfen/uebersicht/online_hilfen_1.de.jsp (14.6.2024)

Anlaufstellen

Welche Anlaufstellen an der eigenen Hochschule könnten für Studierende hilfreich sein? Es ist gut, selbst einen Überblick über Angebote und Ansprechpartner zu haben. Vielerorts wird regelmäßig eine Übersicht der Unterstützungsangebote erstellt. Möglich sind:

- Schreibzentrum, Schreibberatung
- Schlüsselkompetenzen
- Psychosoziale oder psychotherapeutische Beratung
- Sozial- und Rechtsberatung
- Beratung für Studierende mit Behinderung
- Beratung für Studierende mit Kind
- Beratungsangebote des AStA
- Zentrale Studienberatung
- Karriereberatung
- Prüfungsamt

Spannungen im Betreuungsverhältnis

Betreuungsvereinbarung

Grundsätzlich liegt die Verantwortung für die Kontaktaufnahme bei den Studierenden. Für beide Seiten ist es dabei entlastend, wenn zu Beginn des Betreuungsverhältnisses ein grundsätzlicher Turnus vereinbart wird: Wie häufig, zu welchen Zeitpunkten bzw. bei welchen Arbeitsschritten soll eine Kontaktaufnahme erfolgen? Studierende wissen dann, dass es von ihnen erwartet wird, sich in bestimmten Intervallen oder mit bestimmten Zwischenergebnissen zu melden. Sie müssen sich dann also nicht scheuen. Doch was ist, wenn diese Kontaktaufnahme ausbleibt? Oder wenn Studierende so häufig kommen, dass das eigene Zeitbudget gesprengt wird?

„Abtauchen"

Wenn Studierende „abtauchen", kann man zunächst von sich aus versuchen, den Kontakt aufzunehmen und über vereinbarte oder möglicherweise auch informelle Wege den Kontakt suchen. Gibt es ein Problem? Ist es ein Problem, bei dem man selbst unterstützen oder an eine Fachberatungsstelle (s.o. Kap. 2.4) verweisen kann? Die Gründe können vielfältig sein. Wichtig ist, für sich selbst zu klären, bei welchen Themen man beraten oder unterstützen kann und welche Probleme die eigene Kompetenz übersteigen. Letztlich liegt die Verantwortung dafür, dass die Arbeit begonnen und im gegebenen Zeitrahmen fertiggestellt wird, bei dem oder der Studierenden.

Großer Gesprächsbedarf

Ein sehr großer Gesprächsbedarf von Studierenden kann demgegenüber die eigenen zeitlichen Kapazitäten überfordern. Vielleicht kann man zunächst überlegen, was auf Seiten der Studierenden dahintersteckt. Das kann große Unsicherheit sein, Entscheidungen zu treffen, oder die Sorge, nicht die Erwartungen des oder der Dozent*in zu treffen. Hier kann es helfen, diese Unsicherheit mit dem/der Studierenden zu reflektieren und ihn/sie zu ermuntern, sich eine Entscheidung zuzutrauen und diese zu begründen. Fragt man zurück: „Was würden Sie denn sagen?", stellt sich meist heraus, dass die Studierenden eine Vorstellung haben und diese meist sogar spontan begründen. Hier kann man ansetzen und darauf hinweisen, dass diese Begründung des eigenen Vorgehens und der Entscheidungen wichtig ist und in der Arbeit transparent werden soll. Nicht das mündliche „OK" des Prüfenden ist entscheidend, sondern die klare Argumentation der Arbeit und die nachvollziehbare Begründung von Entscheidungen und Urteilen.

Betreuungsgrenzen

Wenn das nicht ausreicht, wenn man den Eindruck gewinnt, dass auf Seiten des/der Studierenden größere oder andere Probleme im Hintergrund stehen, kann man auf die Grenzen der eigenen Unterstützungsmöglichkeiten hinweisen. Man kann den möglicherweise entstandenen Eindruck formulieren, dass hinter den Fragen andere Probleme liegen. Wichtig ist dabei, nicht in eine therapeutische Rolle zu rutschen, sondern bei Themen, die den eigenen Kompetenzbereich übersteigen, auf professionelle Unterstützungsangebote zu verweisen, die es meist an der eigenen Hochschule gibt.

Abgrenzung

Wichtig für die eigene Haltung im Betreuungsprozess ist es nicht zuletzt, bei allem Bemühen um gute Betreuung und passende Hinweise die letzte Verantwortung bei dem oder der Studierenden zu belassen. Sie müssen den eigenen Ratschlägen und Hinweisen nicht folgen. Vielleicht gibt das Ergebnis ihnen schließlich sogar Recht?! Auch bei einer offenkundig in die Irre führenden Beratungsresistenz muss man den richtigen Zeitpunkt finden loszulassen, um Frustration zu vermeiden. Hier kann es wiederum hilfreich sein, explizit darauf hinzuweisen, dass die Verantwortung für die Qualität der Arbeit und ihr Gelingen nach den eingangs getroffenen Vereinbarungen beim Autor oder der Autorin liegt.

KI in der Bachelorarbeit – Betrug oder Hilfsmittel?

Können Studierende sich ihre Bachelorarbeit von KI-Schreibtools schreiben lassen? Und wenn nicht ganz, dann teilweise? Kann man es verbieten oder zumindest die eidesstattliche Versicherung einfordern, dass keine künstliche Intelligenz verwendet wurde?

Rechtslage

Solche Fragen stellen sich mit Macht, seit 2022 mit ChatGPT das erste KI-Schreibtool allgemein zugänglich wurde. Die Leistungen der Programme sind seither ebenso im Fluss wie die Diskussionen über Chancen und Risiken ihres Einsatzes. Nach einem ersten Impuls, aus dem heraus einige die Sinnhaftigkeit selbständig und unbeaufsichtigt zu verfassender Texte als Prüfungsleistung unter Einsatz von KI-Schreibtools in Frage stellten und damit das Ende von Hausarbeiten im Seminar und als Abschlussprüfung nahen sahen, ist mehr Realismus und auch Ruhe eingekehrt. Es hat sich herausgestellt, dass unter Einsatz von KI-Tools entstandene Texte nicht grundsätzlich als Plagiat gewertet werden können, zumal deren Einsatz nicht rechtssicher nachgewiesen werden kann. Auch ein grundsätzliches Verbot wird daher in einem Gutachten der Ruhr-Universität Bochum nicht empfohlen.[17]

KI-Defizite

Die durch KI-Schreibtools generierten Texte sind in der Regel sprachlich korrekt, weisen jedoch sachlich-inhaltlich eine hohe Fehlerquote auf. Inhalte sind nicht gespeichert, stattdessen werden Zeichenfolgen auf der Grundlage eines Algorithmus generiert. Als Recherchetool sind sie daher kaum sinnvoll einsetzbar. Sachverhalte werden schwammig oder sehr allgemein dargestellt, häufig sogar falsch: Die Fehlerquote bei Fakten ist relativ hoch. Referenzen erweisen sich sogar zu einem sehr hohen Prozentsatz als frei erfunden, können dabei aber durchaus plausibel klingen.

KI-Stärken

Hilfreich kann hingegen der gezielte Einsatz von KI zur sprachlichen Überarbeitung von Texten sein. Auch die Schärfung von Argumenten, das Ausformulieren von Stichpunkten oder das Zusammenfassen eines (eigenen) Textes können sinnvolle Einsatzmöglichkeiten sein.[18] Es kann vielleicht sogar die Furcht von dem „leeren Blatt“ nehmen und so dabei helfen, Schreibblockaden zu überwinden.[19]

17 Leschke/Salden (2023).

18 Hoffmann (2023).

19 Vgl. zu diesen Überlegungen auch: Selden/Leschke (2023); Technische Universität München, Pro Lehre - Medien und Didaktik (2023): ChatGPT - Didaktische Perspektiven. URL: https://www.prolehre.tum.de/prolehre/materialien-und-tools/handreichungen/ (zuletzt geprüft 4.9.2024).

3. Die Bewertung der Bachelorarbeit

Wert der Bachelorarbeit

Die Bachelorarbeit macht nur einen Teil der Abschlussnote aus, die sich ja aus den Leistungen während des gesamten Studiums zusammensetzt. Trotzdem kommt ihr gerade in den Geisteswissenschaften besondere Bedeutung zu, weil die Studierenden auf diese Arbeit besonderen Fokus legen. Die Bewertung umfasst dabei mehr als die reine Note: Sie gibt zudem eine qualifizierte Rückmeldung, die Leistungen und mögliche Defizite aufzeigt.

Bewertungskriterien

Gutachten

Während in einigen Fächern stichpunktartige oder tabellarische Bewertungen vorgenommen werden, ist in den Geschichtswissenschaften das schriftliche Bewertungsgutachten üblich. Es sollte so verfasst sein, dass es eine nachvollziehbare Rückmeldung und transparente Bewertung enthält. So können auch Anfechtungen bestenfalls vermieden werden – und falls es doch dazu kommt, hat man eine gute Grundlage für die Zusammenarbeit mit dem Prüfungsamt.

Bewertungskriterien

Die schriftliche Formulierung der Bewertungskriterien hilft einem selbst bei der Begutachtung der Arbeit und dem Verfassen des Gutachtens. Wenn man sie den Studierenden transparent macht, erhalten sie dadurch eine klare Orientierung über den Erwartungshorizont. Im Folgenden wird ein Kriterienraster vorgestellt, das nicht vollständig der Notenskala entspricht und damit deutlich machen soll, dass das Urteil sich an klaren Kriterien orientiert und dabei Spielraum lässt für die Beurteilung des Einzelfalls. Mit einem Punktesystem kann das Raster gleichwohl in eine Notenskala übersetzt werden und damit auch bei der Festlegung der Note helfen. Das Punktesystem gewichtet alle Kriterien gleich, während man im eigenen Urteil vielleicht Aspekte unterschiedlich stark gewichten möchte. Der Kriterienkatalog mit Taxonomie basiert auf dem Leitfaden des Historischen Seminars der Universität Mainz[20] und ist entlang eigener Erfahrungen und Einschätzungen sowie nach Austausch mit Frankfurter Kolleg*innen angepasst und weiterentwickelt worden.

20 Bewertungskriterien für Hauptseminararbeiten und Abschlussarbeiten. URL: https://www.geschichte.uni-mainz.de/files/2020/03/Bewertungskriterien-HauptseminarBachelorarbeiten.pdf (zuletzt geprüft am 14.6.2024).

Bewertungskriterien mit Taxonomie

Kriterium	Hervorragend (3 Punkte)	Standard (2 Punkte)	Substandard (1 Punkt)	Mangelhaft (0 Punkte)
Frage-stellung	Es wird eine klare, eigenständige Fragestellung/These einwickelt. Die Fragestellung/These ist dem Gegenstand vollständig angemessen. Die Fragestellung schließt an den Forschungsstand an. Die Grenzen des eigenen Erkenntnisinteresses sind aufgezeigt, reflektiert und angemessen begründet.	Eine klare Fragestellung, die meist eigenständig und fundiert entwickelt wird, ist im Wesentlichen erkennbar. Die Fragestellung/These ist dem Gegenstand einigermaßen angemessen und mit den genannten Quellen bearbeitbar. Eine Verbindung der Fragestellung zum Forschungsstand ist erkennbar. Die Eingrenzung des Themas wird benannt und einigermaßen einleuchtend begründet.	Eine Fragestellung ist im Ansatz erkennbar, sie ist aber wenig eigenständig oder sehr pauschal. Die Verbindung von Fragestellung und genannten Quellen ist lose oder äußerlich. Die Verbindung der Fragestellung zum Forschungstand ist rein äußerlich oder wird lediglich postuliert. Eine Eingrenzung wird postuliert, aber nicht hinreichend begründet.	Eine Fragestellung fehlt, die Fragestellung ist unpassend, pauschal oder nicht historisch-analytisch. Die Fragestellung wird nicht präzisiert und eingegrenzt. Eine Verbindung zum Forschungsstand wird nicht hergestellt. Die Grenzen des Erkenntnisinteresses werden nicht reflektiert.

Kriterium	Hervorragend (3 Punkte)	Standard (2 Punkte)	Substandard (1 Punkt)	Mangelhaft (0 Punkte)
Struktur	Die Gliederung der Arbeit ist klar, einleuchtend und der Fragestellung angemessen. Die einzelnen Punkte sind angemessen gewichtet und durchgehend zielführend. Die Vorgehensweise wird in der Einleitung nachvollziehbar erläutert. Die Arbeit folgt einer wissenschaftlich reflektierten Argumentation auf die These hin.	Die Gliederung der Arbeit ist der Fragestellung im Wesentlichen angemessen. Die einzelnen Punkte sind weitgehend angemessen gewichtet und in der Regel zielführend. Die Vorgehensweise wird in der Einleitung benannt. Eine wissenschaftliche Argumentation ist erkennbar.	Wichtige Punkte kommen in der Arbeit vor, Gewichtung und Aufbau sind dabei nicht immer einleuchtend. Die argumentative Struktur weist Brüche auf, ist aber noch erkennbar. Einige Punkte der Gliederung werden in der Einleitung benannt. Wissenschaftliche Argumente werden angeführt, aber nur unzureichend belegt oder begründet.	Der Aufbau ist nicht einleuchtend oder unlogisch, für die Fragestellung oftmals nicht zielführend. Die Aussagen sind nicht argumentierend, die Argumentation hat erkennbare Brüche, Sprünge oder ist unlogisch. Die Vorgehensweise wird nicht in der Einleitung vorgestellt. Die Arbeit weist keine nachvollziehbare wissenschaftliche Argumentationsstruktur auf, ein „roter Faden" ist nicht erkennbar.

Kriterium	Hervorragend (3 Punkte)	Standard (2 Punkte)	Substandard (1 Punkt)	Mangelhaft (0 Punkte)
Literatur	Der Forschungsstand zum Thema wurde eigenständig bibliographiert. Neben Grundlagenliteratur wurden auch die relevanten Spezialuntersuchungen konsultiert. Die Quellen- und Literaturauswahl ist dem Gegenstand vollständig angemessen. Der Umgang mit Quellen und Literatur ist souverän und eigenständig.	Eine eigenständige systematische Recherche und Literaturauswahl ist erkennbar, weist aber Lücken auf. Die Literaturauswahl ist im Wesentlichen angemessen Eine Annäherung an den Forschungsstand wird deutlich. Quellen und Literatur werden in nachvollziehbarer Weise verarbeitet.	Die Literaturauswahl ist lückenhaft, aber noch akzeptabel. Die Literaturrecherche ist erkennbar nicht systematisch erfolgt. Der Forschungsstand wird kaum reflektiert. Die Literatur wird wiedergeben, eine analysierende Auswertung ist in Ansätzen erkennbar.	Die Literaturbasis ist schmal und weist erhebliche Lücken auf. Die Auswahl der Literatur ist nach außerwissenschaftlichen Kriterien erfolgt, zufällig bzw. nicht begründet. Eine analytisch reflektierende Auseinandersetzung mit der Forschungsliteratur erfolgt nicht.
Analyse und Methoden	Die Quellenauswahl ist der Fragestellung vollständig angemessen. Die Quellen werden mit geeigneten Methoden analysiert.	Die Quellenauswahl ist der Fragestellung weitgehend angemessen.	Quelle und Fragestellung passen ansatzweise zusammen.	Die Quellenauswahl passt nicht zur Fragestellung

Kriterium	Hervorragend (3 Punkte)	Standard (2 Punkte)	Substandard (1 Punkt)	Mangelhaft (0 Punkte)
Analyse und Methoden	Theoretische Grundlagen und Methoden werden begründet. Die zentralen Analysebegriffe werden benannt, definiert und vor dem Hintergrund der Forschung und des eigenen Erkenntnisinteresses reflektiert. Wissenschaftliche Termini und Fachbegriffe werden erläutert und angemessen, präzise und korrekt verwendet. Eine Trennung von wissenschaftlicher Analyseebene und Quellenebene ist deutlich erkennbar, die Quellensprache wird historisch eingeordnet und kritisch reflektiert.	Forschungsmethoden und Analysekategorien sind weitgehend angemessen. Die für die Untersuchung zentralen Begriffe werden reflektiert, im Wesentlichen zutreffend definiert und korrekt verwendet Eine Unterscheidung von Quellen- und Forschungs-/Analysebegriffen wird sichtbar; die Quellensprache wird als solche erkannt und reflektiert.	Die eigene Forschungsperspektive wird nicht systematisch reflektiert, eine kritische Distanz zur verwendeten Literatur und zu den Quellen gelingt nicht durchgehend. Zentrale Analysekategorien werden eher implizit verwendet, Begriffe nicht präzisiert und teilweise korrekt verwendet. Trennung von Quellen- und Analyseebene wird nur vereinzelt deutlich; die Quellensprache wird zumindest rudimentär vor dem historischen Hintergrund reflektiert.	Methode bzw. Forschungsperspektive werden nicht benannt und gehen auch nicht aus der Darstellung hervor Zentrale Analysebegriffe werden nicht definiert, nicht oder falsch verwendet. Eine Trennung von Quellen- und Analyseebene ist nicht sichtbar, die historische Kontextualisierung der Quellen ist unzureichend.

Kriterium	Hervorragend (3 Punkte)	Standard (2 Punkte)	Substandard (1 Punkt)	Mangelhaft (0 Punkte)
Inhalt	Der Gegenstand ist inhaltlich durchdrungen. Die Argumentation ist logisch nachvollziehbar und zielführend. Das Thema wird selbständig im Hinblick auf die Fragestellung bearbeitet/analysiert/reflektiert. Die Analyse ist klar und führt zu einem eigenständigen, begründeten und nachvollziehbaren Urteil. Die Ergebnisse sind einleuchtend.	Der Gegenstand ist weitgehend inhaltlich durchdrungen. Die Argumentation ist größtenteils logisch nachvollziehbar und im Wesentlichen zielführend. Die Reflexion des Themas ist angemessen, folgt dabei weitgehend der Literatur. Die Analyse ist klar und ermöglicht ein nachvollziehbares Urteil. Die Ergebnisse sind nachvollziehbar.	Der Kenntnisstand ist fehler- bzw. lückenhaft, aber noch akzeptabel. Wichtige Punkte werden genannt, wenn auch die Argumentation nicht immer logisch nachvollziehbar ist. Das Thema wird entlang vorgefundener Muster behandelt. Die Analyse ist weitgehend nachvollziehbar, ein eigenständiges Urteil ist in Ansätzen erkennbar. Die Ergebnisse sind trotz Unklarheiten insgesamt nachvollziehbar.	Der Kenntnisstand und die inhaltliche Durchdringung des Gegenstandes sind mangelhaft. Die Analyse ist oberflächlich. Urteile sind pauschal oder nicht vorhanden. Die Ergebnisse sind streckenweise nicht nachvollziehbar.

Kriterium	Hervorragend (3 Punkte)	Standard (2 Punkte)	Substandard (1 Punkt)	Mangelhaft (0 Punkte)
Sprache	Die Arbeit ist sprachlich und stilistisch einer wissenschaftlichen Arbeit voll angemessen, sie hat vollständig oder teilweise Publikationsniveau. Rechtschreibung, Zeichensetzung, Grammatik und Wortwahl sind weitgehend fehlerfrei. Der Schreibstil ist souverän und leserfreundlich.	Die Arbeit ist weitgehend in korrektem Schriftdeutsch geschrieben. Fehler in Grammatik, Rechtschreibung, Interpunktion und Ausdruck bleiben die Ausnahme. Die Darstellung ist im Allgemeinen angemessen und flüssig geschrieben.	Die sprachliche Darstellung ist trotz einzelner Fehler in Grammatik, Wortbedeutungen und Zeichensetzung noch akzeptabel. Umgangssprachliche oder bürokratische Formulierungen zeigen Unsicherheiten im Gebrauch von Schriftdeutsch an. Die Darstellung ist teilweise unklar, der Inhalt aber insgesamt verständlich.	Die sprachliche Darstellung ist stark fehlerhaft: zahlreiche Fehler in Rechtschreibung, Interpunktion, Grammatik und Wortwahl. Der Inhalt ist schwer verständlich oder sogar teilweise unverständlich. Nicht immer ist deutlich, was gemeint ist, die Wortwahl ist nicht immer treffend. Der Schreibstil ist einer wissenschaftlichen Arbeit nicht angemessen, umgangssprachlich oder in gewundenem Bürokratendeutsch.

Kriterium	Hervorragend (3 Punkte)	Standard (2 Punkte)	Substandard (1 Punkt)	Mangelhaft (0 Punkte)
Form	Die Arbeit entspricht vollständig den Formvorgaben. Literaturangaben sind bibliographisch korrekt und folgen einem einheitlichen Schema. Die Zitierweise von wissenschaftlicher Literatur (gedruckt oder elektronisch) ist korrekt.	Die Arbeit entspricht im Wesentlichen den Formvorgaben. Literaturangaben sind im Wesentlichen bibliographisch korrekt und folgen einem einheitlichen Schema. Die Zitierweise von wissenschaftlicher Literatur (gedruckt oder elektronisch) ist weitgehend korrekt.	Die formale Gestaltung der Arbeit ist mängelbehaftet, aber noch akzeptabel. Literaturangaben (gedruckt oder elektronisch) sind fehlerbehaftet, aber noch nachvollziehbar.	Die Arbeit weist erhebliche formale Mängel und Unzulänglichkeiten auf. Literaturangaben sind stark fehlerhaft. Literaturangaben und Zitierweise sind fehlerbehaftet, uneinheitlich und/oder unvollständig, so dass das Auffinden von Literatur erschwert wird. Elektronisch verfügbare Literatur wird nicht korrekt (bspw. nur mit Angabe der URL genannt) angeführt.

Vollständiges Plagiat oder Teilplagiat wird mit der Note 6 bewertet.

Mögliche Taxonomie:

Punkte	21–20	19–18	17	16
Note	1,0	1,0	1,3	1,7
Notenpunkte	15	14	13	12
Punkte	15	15	14	13–12
Note	2,0	2,3	3,0	3,3
Notenpunkte	11	10	9	8
Punkte	11–10	10–9	8–7	0–6
Note	3,3	3,7	4,0	5,0
Notenpunkte	7	6	5	4–0

Beurteilungsfehler vermeiden

Tendenz zu Verzerrungen

Neben der Urteilsfindung auf der Grundlage festgelegter Beurteilungskriterien ist es hilfreich, sich Faktoren deutlich zu machen, die unbewusst zu Verzerrungen in der Beurteilung führen können. Die Kognitionspsychologie kennt eine lange Liste möglicher Verzerrungen.[21] Hier folgt eine kleine Auswahl derjenigen Verzerrungen, die bei der Bewertung von schriftlichen Abschlussarbeiten besonders zum Tragen kommen können.[22]

Confirmation Bias

Bestätigungsfehler (confirmation bias) gehen auf die Neigung unseres Gehirns zurück, nach der Bestätigung für bereits vorhandene Erwartungen zu suchen. Vielleicht kennen wir den Prüfling bereits aus Seminaren. Auch durch den Prozess der Betreuung haben wir uns bereits – zumindest in allgemeiner Form – ein Urteil über die Leistungsfähigkeit des Prüflings gebildet und gewichten daher diejenigen Aspekte der Arbeit, die dieses Urteil bestätigen, stärker als Punkte, die ihm widersprechen. Das Urteil kann sich auch beim Lesen der ersten Seiten gebildet haben, die vielleicht mit besonderer Sorgfalt überarbeitet wurden.

Stimmung

Die eigene Stimmung kann die eigene Bewertung beeinflussen. Gut gelaunt beurteilt man in der Regel milder und positiver als an Tagen mit schlechter Laune oder Kopfschmerzen. Erlebnisse und Ereignisse, die in keinem Zusammenhang zur zu beurteilenden Arbeit stehen, können damit einen Einfluss auf das Urteil ausüben.

Mildefehler

Als Mildefehler wird die Tendenz bezeichnet, milder, positiver oder großzügiger zu urteilen als eigentlich angemessen. Diese Milde kann etwa aus dem Wissen um die Bedeutung der Note für die berufliche Laufbahn des oder der Studierenden resultieren.

Strengefehler

Der Strengefehler ist die gegenteilige Tendenz, allzu streng zu urteilen. Dies kann das Ergebnis von sehr hohen Qualitätsansprüchen sein, die etwa für eine Bachelorarbeit (noch) nicht erfüllbar sind.

---

21 Vgl.: Pohl (2022).

22 Vgl. für das Folgende: Werth/Sedlbauer (2011), S. 400 f.

Als Tendenz zur Mitte wird die Neigung bezeichnet, die Extreme der Notenskala zu vermeiden und die Bewertung eher im mittleren Bereich anzusiedeln.

Tendenz zur Mitte

Rückmeldungen geben

Einsicht ins Gutachten

Wie bei jeder Hausarbeit interessieren sich viele Studierende nicht nur für die Note, die sie für die Bachelorarbeit erhalten haben, sondern auch für deren Begründung. Wenn die Studierenden nicht ohnehin im Prüfungsamt Einsicht in das Gutachten erhalten, kann man es ihnen also auch als Prüfer*in zugänglich machen und zudem ein Gespräch über die Arbeit anbieten. Auch hierbei kann man die Initiative den Studierenden überlassen, muss also nicht selbst aktiv werden, wenn man bereits zu Beginn des Arbeitsprozesses die Gesprächsbereitschaft deutlich gemacht hat.

Reflexionsgespräch

Wenn ein Gespräch zustande kommt, kann es interessant sein, es mit der Frage zu eröffnen, wie der/die Studierende den Arbeitsprozess wahrgenommen hat und wie er/sie selbst die Arbeit beurteilt. Oftmals sehen die Studierenden selbst klar die Stärken und Schwachpunkte der Arbeit. Indem beides expliziert und besprochen wird, kann der Blick wieder darauf gelenkt werden, dass die Bachelorarbeit nicht nur Prüfung, sondern auch Lerngelegenheit und damit integraler Teil des Studiums ist. Und damit ist sie für viele Studierende ein Zwischenschritt auf dem Weg zur Masterarbeit und für einige dann auch zur Promotion.

Literatur

Emich, Birgit (2019): Geschichte der Frühen Neuzeit (1500–1800) studieren. 2. Aufl. München.

Frank, Andrea/Haacke, Stefanie/Lahm, Swantje (2013): Schlüsselkompetenzen: Schreiben in Studium und Beruf. Stuttgart u.a.

Freytag, Nils/Piereth, Wolfgang (2008): Kursbuch Geschichte. Tipps und Regeln für wissenschaftliches Arbeiten. Paderborn u.a. 2008.

Gauger, Hans-Martin (2012): Das ist bei uns nicht Ouzo. Sprachwitze. München 2006.

Grieshammer, Ella; Liebetanz, Franziska; Peters, Nora & Zegenhagen, Jana: Zukunftsmodell Schreibberatung. Eine Anleitung zur Begleitung von Schreibenden im Studium. Baltmannsweiler.

Hessisches Hochschulgesetz i.d.F.v. 14.12.2021.

Hinzke, Jan-Hendrik (2017): Lehrerkrisen im Berufsalltag. Zum Umgang mit Spannungen zwischen Normen und Orientierungsrahmen. Wiesbaden.

Hochschulrektorenkonferenz (Hg.) (2024): Bologna-Reader. Texte und Hilfestellungen zur Umsetzung der Ziele des Bologna-Prozesses an deutschen Hochschulen. Bonn.

Hoffmann, Nora (Hg.) (2023): Empfehlungen des Schreibzentrums zum Einsatz von KI-Schreibtools im Studium. Online: https://www.starkerstart.uni-frankfurt.de/82720027/PortalStartPage_82720027 (Zugriff: 21.8.2023).

Landwehr, Norbert/Müller, Elisabeth (2008): Begleitetes Selbststudium. Didaktische Grundlagen und Umsetzungshilfen. 2. korrigierte Auflage. Bern.

Lerche, Eva-Maria (2019): Schreibdidaktische Elemente in Peer Learning-Settings: ein Praxisbericht. In: Westphal, Petra u.a. (Hg.): Peer Learning durch Mentoring, Coaching + Co. Aktuelle Wege in der Ausbildung von Lehrerinnen und Lehrern. Opladen, S. 137–145.

Neumann, Friederike (2018): Schreiben im Geschichtsstudium. Leverkusen.

Pohl, Rüdiger (Hg.) (2022): Cognitive illusions. Intriguing phenomena in thinking, judgment and memory. London.

Prüfungsordnung für die Bachelorstudiengänge und die konsekutiven Masterstudiengänge der Philosophischen Fakultät der Rheinischen Friedrich-Wilhelms-Universität Bonn v. 17.8.2018.

Rothblatt, Sheldon (2010): Das Studium. In: Rüegg, Walter (Hg.): Geschichte der Universität in Europa. Band 4: Vom Zweiten Weltkrieg bis zum Ende des 20. Jahrhunderts. München, S. 218–247.

Salden, Peter/Leschke, Jonas (2023): Didaktische und rechtliche Perspektiven auf KI-gestütztes Schreiben in der Hochschulbildung. Zentrum für Wissenschaftsdidaktik der Ruhr-Universität Bochum. Online: https://learning-aid.blogs.ruhr-uni-bochum.de/kiedu-nrw/ (Zugriff: 14.6.2024).

Siebert, Horst (2009): Selbstgesteuertes Lernen und Lernberatung. Konstruktivistische Perspektiven. 3. Aufl. Augsburg.

Thomann, Geri/Pawelleck, Anja (2013): Studierende beraten. Opladen u.a.

Welbers, Ulrich (Hg.) (2001): Studienreform mit Bachelor und Master. Gestufte Studiengänge im Blick des Lehrens und Lernens an Hochschulen. Modelle für die Geistes- und Sozialwissenschaften. Neuwied u.a.

Werth, Lioba/Sedlbauer, Klaus (2011): In Forschung und Lehre professionell agieren. Bonn.

Wolbring, Barbara (2006): Neuere Geschichte studieren. Stuttgart.